Chiara Lantheaume

Les cicatrices d'une vie
Écrire pour guérir

© 2025 Chiara Lantheaume
Édition : BoD · Books on Demand,
31 avenue Saint-Rémy, 57600 Forbach,
bod@bod.fr
Impression : Libri Plureos GmbH,
Friedensallee 273, 22763 Hamburg (Allemagne)
ISBN : 978-2-3225-6920-5
Dépôt légal : Mars 2025

Illustration de couverture :
Par Louana Lantheaume

Avant-propos

J'ai découvert l'écriture dès mon enfance, et au fil du temps, elle est devenue ma thérapie. Lorsque je vais mal, lorsque ma bouche ne peut plus exprimer la douleur qui brûle en moi, j'écris.

En 2024, j'ai subi des abus sexuels, qui m'ont plongé dans une profonde dépression pendant un an. Dans cet abîme, l'écriture a été mon refuge, ma bouée de sauvetage, alors que personne autour de moi ne pouvait comprendre ce que je vivais et le profond mal être qui m'habitait, c'est elle qui m'a sauvée.

Aujourd'hui, je suis convaincue que chaque femme porte en elle une histoire à raconter. J'espère qu'elles réussiront à se reconnaître à travers la mienne, pour que ma plume puisse les aider comme elle l'a fait pour moi.

Je tiens à m'excuser auprès de mes proches pour avoir gardé en moi de si gros secrets, je m'excuse d'avoir un jour cessé de croire en la vie et d'avoir pensé à les abandonner. Et pour finir, pardonnez-moi, mon livre risque de vous briser en mille morceaux…

À travers mon récit, vous découvrirez les trois premiers chapitres, dédiés aux trois hommes qui ont brisé tout en moi.

Ma plus belle vengeance, a été de trouver les plus jolis mots pour décrire les pires actes gravés sur ma chair afin d'en faire de beaux poèmes et de révéler au grand jour les blessures qu'ils ont infligées à mon corps.

Mais ma plus belle victoire avec ce livre est de faire de ces abus ma réussite.

***

Il y a toujours eu au fond de moi deux Chiara.

Chiara Torres, est la fille que vous connaissez tous, cette fille-là est une ado banale. Elle aime plaire, faire la fête, sortir, elle aime le sport, veut réussir ses études, avoir une vie toute définie et être indépendante. Cette fille-là, je l'ai confectionnée, façonnée à ma façon. Elle est la fille parfaite que j'ai toujours voulu être.

Et puis il y a Chiara Lantheaume, que peu de gens connaissent, cette fille-là est une enfant perdue dans ses états d'âmes, dans les tourments de la vie. Cette Chiara est l'artiste, la rêveuse, celle qui peut rester dans sa chambre à écrire pendant des heures et des heures. Elle a commencé toute petite en écrivant ses cauchemars, puis ses rêves, des poèmes, des citations, un texte pour son grand-père, des textes philosophiques, des scénarios et a un jour décidée d'en faire des films à tout juste 13 ans. Cette fille-là, rendait fière sa famille, a passé des castings, jouée dans des courts-métrages, gagnée des concours de courts-métrages, elle est partie de la maison a à peine 15 ans pour réaliser son rêve.

Cette fille-là ne souhaitait qu'une seule chose, écrire ses rêves pour les réaliser…

Mais il y a quatre ans, j'ai rejeté l'écriture en un claquement de doigts, tout comme j'ai rejeté une partie de moi…

J'ai quitté mon école de théâtre, j'ai tiré un trait sur mon rêve, mes films, il m'était impossible de réouvrir mon ordinateur pour réécrire, j'avais rayé à tout jamais mes pensées et l'écriture de ma vie…

Je ne voulais plus être l'artiste, l'écrivaine, la fille avec une sensibilité fragile, celle qui faisait des films, la petite fille perdue et malheureuse que j'étais devenue, car j'en avais honte, je craignais que vous ne l'aimiez pas, je voulais être comme les autres, pas cette enfant torturée par les mots.

Je me suis créé deux comptes sur les réseaux sociaux, deux vies, deux identités.

L'une était l'ado, l'autre était l'artiste inavouée. Je ne voulais aucun lien entre les deux, les nouvelles personnes que je rencontrais à présent ne devaient jamais connaître celle que je refoulais et mes abonnés ne devait pas interférer dans ma vie, dans mon quotidien, le succès que Chiara Lantheaume avait n'était pas celui de Chiara Torres. Était-ce une manière de me protéger ? De me préserver ? Ou plutôt de refouler qui j'étais au fond par peur du regard des gens…

Mais aujourd'hui, avec tout ce que j'ai vécu, je ne veux plus jamais refouler une partie de moi et encore moins celle qui brûle pour les mots. J'aime écrire et j'aime cette partie de moi. L'écriture m'a sauvée quand je pensais ne jamais survivre.

La vérité, est que je suis Chiara Lantheaume Torres et je ne me cacherais plus par peur d'être jugée, je vais faire ce que j'aime et on verra où la vie m'amènera…

J'ai toujours aimé à penser que dans la vie tout est écrit…

***

Voilà 1 an…

Un an que je ne vis plus, un an que je ne souris plus, un an que le drame est arrivé, un an s'est écoulé depuis que mon monde s'est écroulé.

Cette année m'a fait endurer des événements et des sentiments ayant froissées mon cœur et mon âme après avoir brisé mon corps d'enfant.

En commençant par le viol, le non-consentement, la déception amoureuse, le déni, la réalisation de ce qui m'était arrivé et ce que ça avait causé chez moi, la perte de confiance en soi, d'amour de soi, l'annonce à mes proches, la fêlure dans le regard de ma mère, le courage de m'exprimer à travers mon film, la dépression et le désespoir profond, la solitude pesante, puis le semblant de mieux, se rouvrir au monde extérieur, les rencontres.

Et un beau jour le recommencement, le non-consentement, suivi de l'attachement, la toxicité, la violence, le poison, devoir oublier non seulement la personne, mais également les gestes sur mon corps, l'humiliation, la peur constante de le voir revenir, n'avoir plus d'autres choix que de tout quitté, pour survivre, pour continuer à respirer, le nouveau départ, le soulagement, les sourires.

Puis l'éternel recommencement, l'espoir, l'espoir d'être enfin aimée, les peurs qui reviennent, les erreurs d'une enfant naïve, l'alcool, le refus d'être touchée, le non-consentement, l'abdication finalement ma seule issue, la douleur incessante, les souvenirs, les pleurs au fond du lit, la fin de tout.

Lorsque vous touchez le fond pour de bons, la fin du nouveau départ, de ma nouvelle vie, tout s'écroule une nouvelle fois. Viennent les examens Medico, la prise de sang, le positif, la maladie, la peur dans le regard de ma mère, la honte, le traitement, la douleur, les échographies, la honte, les examens négatifs, les touchés vaginaux pour guérir les blessures et réduire les douleurs, le traumatisme auquel faire face chaque jour.

Mais un jour vient, la renaissance, le sentiment de respirer à nouveau, de sourire à nouveau, de vivre à nouveau loin du mal qu'on m'a fait pour finir par tout raconter, tout exposer au grand jour afin de fermer ce livre à tout jamais.

Ce recueil aborde des thèmes tels que

- Dépression
- Mutilation
- Attouchements et abus sexuels
- Pensées suicidaires

Sommaire

Coup de foudre................................ 15

Poison 34

Usure 46

Descente aux enfers 63

Obsession malsaine 86

Espoir 106

*À toutes celles qui ont froissé leurs corps
En voulant faire battre leurs cœurs…*

Petite-fille a bien grandi

Elle continue d'avancer
Les yeux bandés et les mains en avant
Pour ne pas trébucher

Quand elle a peur
Elle s'arrête pour pleurer
Mais trouve toujours la force de se relever
Pour accomplir ce dont elle a toujours rêvé

Prendre un aller simple pour le paradis
Rendre visite aux anges

I. Coup de foudre

Allant d'un coup de foudre
À travers un regard
Au coup de foudre
À travers un toucher

Je me suis bien sentie électrocutée
Lorsqu'il a posé ses mains sur moi
L'électricité parcourant la totalité
De mon corps pourtant si fragile

Ce coup de foudre
Je ne m'en suis pourtant jamais relevée

Je ne décris pas ici un amour
Électrocutant et hypnotisant
Comme j'en ai toujours rêvé

Mais bien un amour ayant dangereusement
Franchis les barrières du consentement

J'étais morte ce soir-là

Il m'arrive souvent le soir, de repenser à lui
Je repense à cet amour naissant
Un amour saint, hypnotisant
Qui vous enivre au point
D'oublier toutes les premières fois

Il m'arrive de repenser
À nous
À ses caresses
À son regard
À ses baisers
À ses mains sur mon corps

Il m'arrive de repenser
À cette nuit
Si douce
Si parfaite

Il m'arrive de pleurer
Le soir avant de m'endormir
En repensant à cette nuit

Et puis il m'arrive de repenser
À cette nuit ou la douceur
De ses caresses s'est transformée

Il m'arrive de penser
Que pour une fois
J'ai résisté
Résisté à lui
Résisté à me forcer pour lui

Il m'arrive de penser
Que finalement
Je n'ai commis aucune faute
Aucune erreur
Aucune maladresse
Il n'y avait aucune issue

Il m'arrive de penser
Que dans un amour si sain
Comme il paraissait
Il m'aurait simplement
Pris dans ses bras
En comprenant ma décision

Il m'arrive de repenser
Au combat intérieur
Entre mon cœur
Qui le repoussait de dégoût
Et ma tête qui se battait pour nous

Dans le seul et l'unique but
De guérir un corps
Qui avait été sali

Il m'arrive
Souvent le soir
De repenser que je l'ai laissé
Me prendre dans ses bras
Après qu'il m'ait violé

Pour un jour guérir

Il arrive que les caresses
Qui autrefois étaient
D'une douceur à faire frissonner
Un corps tout entier

Deviennent assez tranchantes
Pour laisser derrière elles
Les cicatrices d'une vie

Je ne veux pas arrêter de ressentir
Je veux arrêter de souffrir

Lorsque tout s'enflamme
Il ne reste plus qu'une retombée

De souvenirs venant brûler
Chaque partie de votre corps une à une

Une vie abîmée et salie
Ne peut être guérie
Qu'en se pardonnant

La douceur de tes caresses

Mon cœur se confrontait à mon esprit
Mon dégoût à mes désirs

Laissant mon esprit vide
Dans une vague de mélancolie

Lorsque tout s'enflamme
Il ne reste plus qu'une retombée
De souvenirs venant brûler
Chaque partie de votre corps une à une

J'aimerais tant pouvoir effacer les miens
Ils ne m'ont pas appris
Ils m'ont simplement brûlée

Et le jour viendra où je retournerai
Dans un feu ardent non pas
D'un amour passionnel

Mais bel et bien d'un traumatisme
Bien plus profond que
Je ne pourrai jamais l'admettre

Il m'avait donc laissé seule

Emprisonnée avec de douloureux souvenirs
Après m'avoir volé mon amour-propre

Je me rendais compte que j'étais
Prise au piège dans un monde
Ne ressemblant en rien à la vie réelle

Où seule, mieux je me sentais
Et plus je m'engouffrais

Cette solitude irait jusqu'à glacer
Mon corps tout entier
Pour ne laisser derrière elle
Qu'une larme s'écoulant sur ma joue
Venant d'un regard contemplant la mer

Mais malgré tout
malgré le fait d'avoir besoin d'aide
Besoin de quelqu'un

Mon cœur se confrontait à mon esprit
Mon dégoût à mes désirs
Laissant mon esprit vide
Dans une vague de mélancolie

Et c'est alors que mon esprit comprit
Il comprit que plus la solitude m'envahissait
Plus je ressentais ce besoin
Inexplicable de me renfermer

M'enivrant dans une fuite
Vers mon isolement total

Lorsque je vais mieux
Je me réveille la nuit

Une larme s'écoulant sur ma joue
Après avoir revu la pire nuit de ma vie

« Pardonne-moi, je m'en veux tellement"
Ces quelques mots tournent
Et virent au-dessus de ma tête

Cette légèreté flottant dans l'espace
Pourtant si lourde à porter chaque jour

Vous direz qu'on apprend de ses erreurs
Qu'après ça, on ne saura
Peut-être pas ce que l'on veut
Mais on saura ce que l'on ne veut plus

Moi je répondrais que le jour
Où je saurai ce que je ne veux plus
Et que je ne me forcerai plus jamais

Ce jour-là, le jour où je refuserai
Je me ferai violer

Ce jour-là, ce sera une décision à prendre
Se forcer ou se faire violer

Je connais ma réponse

Mais peu importe la décision
Le résultat sera le même

Car dans les deux cas
Il n'y aura eu aucun consentement

II. Poison

Immobilisée par sa force

Je sentis sa main descendre
Le long de mon corps
Son poignet dans le mien serrait
À mesure que je m'en défaisais

Mes vêtements glissèrent
Laissant entrevoir ma peau

Il m'était impossible
De bouger ou de m'échapper

Ma main me faisait souffrir
Sous ses doigts refermés

Tandis que l'autre tentait désespérément
De recouvrir mon corps qu'il était
En train de mettre à nu

Je finis par regarder son visage
Apercevant un sourire sur ses lèvres
Un rire dans sa voix
Un amusement face à ma détresse

Car il est bien plus excitant
De prendre de force
De voir une âme suppliante

Que de prendre à celle qui accepte de se donner

Car dire je suis fatiguée
M'est bien plus supportable
Que de décrire la souffrance
Qui brûle en moi
Et me consume chaque jour

Mon cœur brûle pour lui
Brûle de dégoût
Brûle de haine
Brûle de désir

À en devenir folle
Folle de lui
Folle de nos souvenirs
De notre complicité
Folle de sa violence

Je donnerais tout pour oublier
Oublier ce qu'il m'a fait
Oublier nos moments
Oublier qu'il me manque
Oublier sa force sur mon corps
Oublier que je ne peux l'oublier

Car il est
Ma maladie
La raison de mes blessures
Mon remède
Mon obsession
Il est ma drogue

Un jour, j'ai pensé
Il a pris soin de moi comme personne
Comme j'en avais besoin
Comme je succombais lentement
Comme je lui disais oui

Un jour, j'ai compris
Il a simplement pris soin d'avoir ce qu'il voulait

Mon corps salit, soumis et délibérément froissé

Je m'en veux d'avoir détruit
L'enfant que j'étais

Une enfant qui ne rêvait que d'amour
De beauté et de conte de fées

La peur dans un regard
Donne du pouvoir
À celui qui le regarde

Tout cela m'a détruit

Aujourd'hui je suis prête
À abandonner tous mes rêves

Pour caresser l'espoir
D'un jour être heureuse

Excuse-moi
Pardonne-moi
Pardonne-toi

Mon souvenir me hante
Ma mémoire me fait défaut

Ce sentiment si profond
Aujourd'hui ancré à tout jamais
En moi me brûle de douleur

Le sentiment de culpabilité
De regret
De peur
De désespoir

Mais aujourd'hui plus que jamais
D'humiliation me hante

Mon esprit se mourant peu à peu

III. Usure

La sensation indescriptible de quitter mon corps
Me ramène inlassablement à cette nuit

L'oppression et la profonde détresse
Me ramène là-bas, dans ses bras

Je perds peu à peu connaissance
Mon esprit embrumait par l'angoisse

Dictée par mon cœur affamé
J'en ai oublié mon corps abîmé

Maman ne doit rien savoir
Maman ne doit rien comprendre

Une nuit entière de supplication
Une nuit entière de torture

Maman ne doit pas lire dans mon regard
Maman doit tout ignorer de cette nuit-là

J'avais pourtant déjà vécu tout cela
Mon rire d'enfant s'était déjà éteint sous leurs mains
Mais lui, lui, a volé ma voix et a laissé un cri
inaudible en moi

Maman en sait déjà trop
Maman a trop souffert de mes danses avec le diable

Le sentiment de trahison, d'humiliation
Je le connaissais que trop bien

Mais le sentiment d'être
Une poupée de chiffon sans vie
Ayant été froissée, salie et traînée par terre
N'a jamais été aussi intense que cette nuit-là

Maman aurait dû rester ignorante comme papa
Maman doit être préservée désormais

Un visage si doux si joyeux
Peut cacher bien plus qu'une larme

Je revis tout éternellement
Chaque battement de cœur
Me ramène à ce jour où le liquide
S'écoulant dans mes veines
M'a fait perdre l'usage
De mon corps et de mon esprit

Chaque inspiration erratique
Me ramène à ces paroles tranchantes
Le chantage qu'il me murmurait
À l'oreille tel un poème
Emplis de désir

Chaque sanglot
Me ramène à nos voix ce soir-là
À sa voix qui réussissait à
Me faire croire que c'est ce dont
Je désirais malgré mes contestations

Chaque battement de paupière
Me ramène à lui
À son visage
À son corps
À sa nudité
Qu'il m'a forcé à voir

Chaque vertige
Me ramène à mon corps sans vie
À mon esprit perdu dans les fragments
De mon traumatisme passé
Après lui avoir cédé mon corps

Détourner le regard en laissant
Les larmes couler sur la joue
D'une enfant à nue

Après s'être éperdument abandonnée
À un amour inexistant

La description serait comme brûler
Volontairement au briquet

Chaque partie de mon corps
Chaque fois un peu plus

Cette petite fille pleine de vie
Et de confiance en elle

N'est rien d'autre qu'une âme
Brisée et torturée par ses souvenirs

La recherche

De respect
De reconnaissance
De protection

La recherche d'un amour

Conduit aux pires actes
Brisant un corps à jamais

Chaque pas en direction
De ma guérison
Est un traumatisme

Protéger mon cœur
Est devenu ma priorité

Mais je suis dans le faux
Depuis bien trop longtemps

Mon cœur ayant
Cette carapace impénétrable

C'est mon corps que j'ai fini par briser

Mon esprit et mon âme
M'avaient quitté
Il ne restait plus que
Mon corps inerte à sa merci

J'ai prié
Mais il ne s'est plus
Jamais retourné

Rien ne comptait pour lui

Ni le fait d'être humaine
D'avoir des sentiments
Ni le fait d'avoir un cœur
Qui battait sous ma poitrine
Ni le fait d'être la fille de quelqu'un

J'étais sa poupée, sa marionnette
Ayant trop bu et n'ayant pas son mot à dire

Peu importe les pleurs
Qu'il voyait déferler sur mes joues

Il était seul ce soir-là
Ce qui se trouvait avec lui n'était pas humain
Ce qui se trouvait avec lui devait lui servir

J'étais sa chose

Sans une once de regret au fond du regard
Lorsque je finis par abdiquer
Lorsque je n'eus plus la force de me battre

Le mal était déjà fait
Le traumatisme était déjà là
Il fallait en finir, abréger mes souffrances

Me laissant sale et nue étendue sur ce lit
Mon regard admirant la liberté par la fenêtre

Me laissant morte de l'intérieur sur ce lit
Mon corps douloureux, froid et sans vie

Il m'avait torturé toute une nuit
Pour me laisser mourir seule

L'usure est une torture

Pendant que les plus téméraires
Prennent de force

C'est ainsi que les manipulateurs
Arrivent à leurs fins

C'est ainsi qu'il est arrivé à ses fins

IV. Descente aux enfers

Bienvenue dans ma tête
Bienvenue dans mon enfer

Ma plus belle vengeance
A été de trouver les plus jolis mots
Pour décrire les pires actes
Gravés sur ma chair

Afin d'en faire de beaux poèmes
Et de révéler au grand jour
Les blessures qu'ils ont infligées
À mon corps

"Mais toi, tu veux jamais me sucer »

                        "Aller enlève ton jean"

"Je l'ai tej parce qu'elle ne savait pas baiser"

                  « Je t'avais prévenu pour
                  Que tu prennes la pilule »

                  « Peut-être que t'as un problème,
                  Peut-être que t'aimes pas le sexe »

"Tu crois vraiment que je suis
Un mec qui va te baiser et partir "

                  "Oh, ça va, on rigole "

                  "Comment on fait quand j'ai envie
                  De baiser si tu me parles plus ? "

"Toi tu veux du sérieux,
Arrête de me prendre la tête"

"Non me touche pas"

"Non-moi je mets jamais de préservatifs"

"Je l'ai enlevé et j'ai ejac direct
Désolé, elle n'avait pas craqué »

"Si t'as saigné, c'est que je l'ai bien fait"

"Aller ça te fait quoi
Une petite branlette »

« Je sais que tu veux pas, mais
Ce serait mieux avec ma bite"

"Mon ex au moins,
Elle était plus excitée »

« La dernière fois que j'ai baizé
Avec toi ça me faisait pas grand-chose »

Je parle de ces actes.

Car les abus détruiront ton corps
Les paroles briseront ton âme

Les deux resteront à jamais gravés en toi

Et puis finalement
J'ai perdu bien plus qu'un an de ma vie

J'ai perdu
Mon ambition
Ma détermination
Et mes rêves

Car ils ne me rendront jamais heureuse
Car une âme brisée

Ne peut que blesser celle
Qui tentera de la réparer

Car elle n'était encore qu'une enfant
Quand cela s'est produit

Car il lui était trop insupportable de vivre

Car ce monde l'avait bousillée
Avait fini par froisser son âme si pure

Mon être
Divague dans le poison
De mon esprit bousillé

Positive
Fais comme si de rien
Rester forte pour mes petites cousines

Leur montrer que la vie est belle
Que leur modèle va bien
Toujours bien
Elle est forte

Quelques heures avant
Ma mère répétait ces quelques mots

Positive... Positive...
J'étais bel et bien positive

J'ai senti cette inquiétude
Sur son visage
Que je contemplais en cherchant
Un signe négatif

Positive... Je l'étais...
Un rendez-vous m'est donné en urgence

Positive... J'ai au moins ce privilège
Que l'on n'aurait pas donné à une traînée

Vous comprenez docteur ?
C'est un abus

Ma fille s'est faite abusée
Et la voilà à devoir
Faire face à la maladie

Positive
Pour la première fois
Ma mère avait peur
Ma mère était inquiète

C'était une urgence
Nous devions agir vite

Car nous ne savions pas
Duquel de mes abus cela venait
Et depuis combien de temps j'étais
Positive

Ma mère m'avait dit
"Tu te sentiras mieux et tu pourras enfin passer à autre chose quand on verra que tu n'as rien, soulagée d'être négative "

Les ombres écorchées de la nuit

Marchant sur ce trottoir

Les yeux perdus
Ma vision troublée par les larmes
Mon esprit perdu
Mon âme flottante, errante sur le bitume

Ce rêve, ce mirage
Revenait sans fin
Chaque jour
Chaque seconde
Dans ma tête

Suspendre ces larmes
Arrêter ce cœur meurtri

Pour me sentir enfin apaisée
Libérer de tous mes fars d'eau

La voiture
La vitesse

Il me suffisait de traverser
Il me suffisait d'un pas

C'était pour moi la solution
Pour que tout s'arrête
Pour que ce quotidien s'arrête
Pour que ses pensées meurtrières s'arrêtent
Car elles me tuaient chaque jour un peu plus

Je voulais arrêter mon monde

Tu ne l'as en aucun cas mérité
Mais tu l'as cherché

Ces mots tournent dans ma tête
Allant jusqu'à me rendre folle

Le reflet d'une âme déchirée

Le respect et l'amour de soi
Ne peuvent alors plus exister
Il se perd avec chaque morceau
De votre cœur arraché si brutalement

Car la noirceur du mal
À fini par tâcher
Les ailes de la colombe

Chaque personne contribue
À votre détérioration intérieure

Chaque mot est comme
Une lame venant transpercer votre corps
Chaque acte vous tue chaque fois un peu plus

Mes nuits abîmées

Je parle ici de la danse secrète
Entre l'âme et le corps
Elle a le don d'apprendre à s'aimer
De réparer le mal
D'obtenir de la douceur

À ce moment précis
Ma raison quitte mon corps
Laissant place à mon esprit bousillé

Alors que les images
Défilent dans mes yeux
Les images de mes souvenirs
De mon expérience
De mes abus

Mon corps réclame la violence
Cette violence qui me soulage
Qui soulage l'envie
Qui soulage la douleur
Qui soulage le mal
Qu'on m'a fait

Car le besoin de violence
Est bien plus fort que la douleur
De sentir la plaie s'ouvrir sous mes doigts

Me blesser jusqu'au sang
Permettra peut-être d'effacer
Leurs mains sur mon corps

La submersion de plaisir
Se transforme rapidement
En submersion d'horreur

La douleur, la culpabilité
M'emportent dans une vague
De folie dévastatrice

Mon corps réclame la violence
Qu'il connaît tant car dorénavant
Le plaisir lui est assimilé à la douleur

Regardez-moi
Lisez à travers mon regard
Le mal qui grandit en moi

Écoutez-moi
Mon âme vous hurle de m'aider
Avant qu'il ne soit trop tard pour moi

Je meurs en silence

Regardez-moi
Regardez ce corps sans vie
Ce n'est plus moi

Écoutez-moi
Écoutez le cœur
Qui ne bat plus en moi

Je vous en prie, sauvez-moi

V. Obsession malsaine

Cette obsession malsaine dépasse de loin ma raison
Ignorant mon amour-propre et ma douleur
Elle trouve réconfort le soir
Logée dans les bras de démons

Lorsque le mal a été fait
Elle en veut plus, plus de douleur
Plus de traumatisme
Toujours plus de maltraitance

Elle aime le sentiment d'être électrocutée
Lorsque des mains se posent sur elle
Mais elle refuse inlassablement
De leur donner mon corps
Afin de se sentir désirée
Allant jusqu'à être forcée

Lorsque le crépuscule arrive
La raison reprend le dessus et tout le mal
Qui a été fait s'abat sur moi

Ma douleur m'est alors insoutenable
Tandis que le parfum du mal encore imprégné
Sur mes draps froissés, l'enivre

Alors, elle part chercher ma guérison
Dans cette effervescence qu'elle ressent
Lorsqu'elle s'abandonne aux lèvres de ces démons

Boire ces baisers tel un poison
Retourner se coucher dans un lit de ronce
Pour y être éternellement prisonnière

Car elle laisse

Une partie de moi
Dans chacun de ces lits

Une partie de mon corps
Dans chacune de ces mains

Mon amour-propre
Sur chacune de ces lèvres

Car pour elle
Le mal a été fait, il y a bien longtemps

Tandis qu'elle n'a plus rien à perdre
Mon corps lui, a tout à y perdre

Elle refuse le respect
Qu'elle n'a jamais connu

Désormais
Elle se nourrit de morceaux de verre
Tranchant ma gorge lorsque le jour se lève

La douceur d'une écorchure

Le besoin irrépressible de m'accrocher
À un bout de verre

Pouvant créer des entailles
Intemporelles sur mon corps

Quand il pose ses mains sur moi
L'électricité parcourt la totalité de mon corps
Je ne peux supporter ce contact

Ma main sur la bouche
Pour lui cacher ma douleur

Sa main caressant mon corps
Sa main serrant mon poignet
Sa main salissant mon corps

Ses bras m'enlaçant après
M'avoir volé mon intimité

Les gestes sont de fausses paroles
Les gestes font mal

Le toucher me fait mal

Une simple caresse est désormais comme
Une lame ouvrant lentement ma peau

Je ne veux plus qu'on me touche

Dans l'unique but
De faire battre mon cœur

Car l'ange pur
À vouloir chercher réconfort
Dans les bras de démons
À fini par se brûler les ailes

Laissez-moi vous dire
Que cela n'avait finalement
Rien d'un conte de fées

Mais bien des peurs
Et des addictions venant
Me redonner espoir
Pour me laisser tomber
Avant que le soleil ne se lève

Je voulais toujours plus
Je voulais ressentir
Encore et encore

J'étais devenue insatiable
De ce sentiment inexplicable

Assez jolie pour être désirée
Jamais assez pour être aimée

Depuis enfant, je n'ai fait que mendier l'amour

J'ai toujours été fascinée
Par le sentiment d'aimer

Je voulais être aimée bien plus que désirée

Mais je compris bien trop vite
Que pour réussir à aimer, je devais
Ressentir des émotions et des sentiments
D'une anormale intensité

Bien plus intense que le bonheur
Que nous procure l'amour

Un beau jour
J'ai fini par trouver cette intensité

Dans le mal
La violence, le poison, l'obsession et la peur

Alors que mon cœur
N'avait jamais battu pour personne
Ce sont les démons qui ont réussi
À le faire s'emballer

Ressentir de la haine envers une personne
Faisait enfin battre ce cœur de pierre

Détester quelqu'un au point d'aimer
Le mal que ça me procure

M'accrocher à ceux qui me faisaient le plus de mal
À moi et à mon corps

Je suis devenu alors obsédée par ce sentiment
Que me procurait le fait d'être mal traitée
Car je ressentais enfin mon cœur
Battre dans ma poitrine

À la recherche de maltraitance

Lorsque vous êtes pris
Dans cette tourmente

Il vous est impossible
De faire marche arrière
Tout s'accélère et tout dérive

Un cyclone se formant
Dans l'eau, vous emporte
Et vous empêche d'en sortir

Embrasser le mal jusqu'à ce que
Mon cœur meurtri s'embrase

Je fais l'éloge de mes bourreaux
J'écris pour ceux qui m'ont passé la corde au cou

Et puis sont apparues ces ombres
Dansant autour de moi la nuit

M'emmenant valser
Jusqu'au petit matin
M'aveuglant à un conte de fées
Auquel j'aspirais durant mon enfance

Seule la lune était témoin
De mon incontestable
Obsession pour ces démons

J'étais devenue insatiable
De ce sentiment froissant pourtant
Mon cœur et mon âme d'enfant

Mais je compris bien trop tard
Que moi seule avais supplié
Ces ombres d'alimenter mon cœur
Affamé de ce poison qu'il désirait tant

Mon cœur a fini par détruire
Mon corps en cherchant un peu d'amour

Plus vous cherchez cet amour
Plus vous acceptez les pires actes
Dans l'espoir d'être aimée

Ceci n'est qu'un mirage
Et vous détruira
Chaque fois en peu plus

Alors votre envie d'amour s'intensifiera
Encore et encore
Et le chemin recommencera
Éternellement

Je me trouve dans ma chambre
Un soir de détresse
Un soir d'angoisse

Un soir semblable aux autres
Où tout s'écroule de nouveau

Mon corps ne répond plus
Mon esprit perdu ne répond plus

Je bois une gorgée de plus
Malgré la brûlure qui dévore ma gorge

Je sens leurs mains sur moi
Leurs poids oppressant sur moi

Il n'y a plus rien de vivant dans
Ce petit corps hurlant sur le sol

Il m'a suffi d'attraper ces cachets
Ces cachets qui me sauvent et me tuent

Pour que mon monde s'arrête de tourner
Pour arrêter ce petit cœur malade

Il aurait suffi simplement
Pour que tout s'arrête

Mais je n'ai jamais trouvé la force
De commettre cet acte
Que mon esprit rejouait sans relâche

Peut-être est-ce ma faiblesse qui m'a sauvée

VI. Espoir

Cette année m'a fait endurer
Des événements et des sentiments
Ayant froissé mon cœur et mon âme

Après avoir brisé mon corps d'enfant
En commençant par le viol

Si vous pouviez voir mes larmes
Dans le reflet de mon écran

Si vous pouviez voir mon cœur
Se serrer en écrivant ces poèmes

Si vous pouviez voir ma douleur
Quand je regarde en arrière

Si vous pouviez voir comme je meurs
D'avoir un jour eu ces pensées, commis ces actes

Si vous pouviez voir la douleur que ça fait
D'enfin vivre après être morte

Et puis
J'ai fini par comprendre
Que pour avancer

Il fallait
Partir pour oublier
Et revenir pour pardonner

Car à présent
Je peux reprendre mon souffle
Pour la première fois

Parfois, j'aimerais
Que le monde entier
Sois au courant

Pour ne plus jamais avoir
À raconter mon histoire

Un jour, j'ai cessé de vouloir me battre
J'étais trop faible, trop fragile
Pour survivre dans ce monde

Mais tout compte fait

Je suis cette petite lueur au cœur de l'obscurité
L'obscurité qu'elle s'est elle-même créée
Contre qui elle se bat chaque jour
Sans jamais abandonner

Ma force est de survivre
Chaque jour dans mon enfer

Je n'ai jamais été aussi forte qu'aujourd'hui

Panser mes blessures avec la lecture
Lorsque la vie me brûle de nouveau

Tout cela m'a brisée
Au point de devoir tout quitter pour survivre

Je ne suis pas parti pour
Me rapprocher de chez moi

Je suis parti pour fuir, pour avoir
Une chance de tout recommencer ailleurs

Pour ne plus vivre dans la crainte
Qu'il arrive devant chez moi

Pour ne plus vivre dans le lieu
Ou les pires actes ont été commis

Pour ne plus vivre dans l'angoisse

Je suis parti pour avoir une chance
De sourire à nouveau
De respirer à nouveau

Pour avoir une chance de vivre

J'en oublie de les conter
Ces petits moments qui
M'apaisent et me font oublier

Et puis vient la lueur d'espoir
La seule personne qui peut
Vous tendre la main
Avant de sombrer totalement

Celle qui donnerait tout
Celle à qui le cœur est brisé
Au simple fait de vous savoir malheureux

Chaque mot
Tout juste sorti de sa bouche
Est une véritable mélodie

Chaque chagrin
À son égard est une vague
Venant vous submerger

Car elle est tout pour vous
Au-delà même de l'amour
Elle transcende chaque étape de la vie
Par-delà l'univers et le temps

Vous battre pour elle
Devient votre raison de vivre

Votre vie lui appartient
Elle est entre ses mains
Car elle vous a donné la vie

Ma vengeance est mon expression

Car
Mon cœur se remplit
Mon âme s'apaise

Ici, il ne reste que moi
Moi et mes pensées qui défilent
À toute allure au fond de mon regard

J'ai toujours aimé à penser
Que dans la vie tout est écrit

Car au fond de moi
Je chercherais toujours
Cette personne qui verra
La profondeur de mon âme

J'ai pris conscience que

Je ne respirais plus
Je ne pouvais plus me relever

Comme si un poids écrasait ma cage thoracique
Le poids de leurs corps sur le mien

Car un jour
La vie a continué d'avancer sans moi

Regarde-moi
Contemple-moi

Regarde au-delà de mon visage
Regarde par-dessus mes artifices

Regarde
Au plus profond de mon être
Chaque recoin de mon âme

Contemple ce cœur pur et fragile qui bat pour toi

Regarde les frissons sur ma peau
Quand tu t'approches de moi

Contemple mon âme qui vibre
Quand tu poses tes yeux sur moi

Regarde le vide dans ma poitrine
Quand tu t'éloignes de moi

Je t'en prie

Regarde-moi
Regarde qui je suis
Celle que je cache
Celle que personne ne voit

Contemple le fond de mon regard
Regarde l'enfant qui vit au fond de moi

Je t'en prie

Lie-moi
Apprends-moi sur le bout des doigts
Chaque centimètre de ma peau
Chaque centimètre de mon être

Sois le seul à lire ce que personne n'a daigné lire
Sois le seul à aimer la partie la plus pure de moi

Je t'en prie

Contemple-moi
Une dernière fois

Une petite écrivaine
Torturée par ses pensées
Et soignée par son écriture

La vérité est que je ne suis pas tombée
Amoureuse de sa personnalité

Je suis tombée
Amoureuse de son âme

J'écris mes rêves
Puis, je les réalise

Mettre de jolis mots
Sur des mauvaises paroles

Voilà le pouvoir de mon art

Peut-être qu'après tout
Je me suis trompée

Peut-être
Me suis-je totalement trompée
Sur moi-même
Sur la vie qui avait été écrite pour moi

Peut-être qu'en vérité
Verser des larmes chaque jour
Ne témoignait plus d'un cœur qui bat

Peut-être dissimulais-je le murmure
D'un chagrin trop lourd à porter

Peut-être étais-je
Submergée tout ce temps
Perdue dans les abysses
D'un profond mal être

Prise au piège dans
Les méandres de mon désespoir

Peut-être
Avais-je préféré me brûler
Les ailes pour laver mes péchés

Peut-être
Avais-je fini par renoncer au bonheur
Renoncé à ouvrir les yeux
Sur la vie, car chaque jour me torturait
Renoncé à vivre car mon âme
Était morte ce soir-là

Peut-être
Avais-je retenu ma respiration
Jusqu'à ce jour dans l'espoir
Silencieux de quitter ce monde

Je revois chaque étape de cette mort lente

Mais aujourd'hui
J'accepte d'ouvrir les yeux
De prendre pleinement conscience
Du mal qui m'habitait

Aujourd'hui, j'accepte de respirer
Pour la première fois
Depuis ma mort

Encré dans ma mémoire à tout jamais

C'est fini

Je ne mendie plus
L'amour que l'on ne m'a jamais donné

Mais une partie de mon cœur
Rêve silencieusement d'un amour

Qui un jour
Consumera mon âme

Plus mon corps

Peut-être qu'après tout

Mon cœur était de porcelaine
Pur et fragile
D'une dangereuse délicatesse

Peut-être qu'alors
Il ne pouvait qu'entailler
Mon âme de ses petits éclats

La délicatesse de tes mains
Sur mon corps
Panse mes plaies

J'ai caché mon secret pour vous préserver
Par peur de vous briser le cœur

J'ai caché mon secret pour vous protéger
Aujourd'hui je crains de vous l'avoir brisé

Enfin de compte
Ce n'était pas à moi de vous préserver

C'est moi qui avais besoin d'être protégée

Maman ne m'a jamais lâché la main
Pas un seul instant

C'est peut-être ça qui m'a empêché de tomber
C'est peut-être elle qui m'a empêché de sombrer

Mais un jour vient

La renaissance
Le sentiment de respirer à nouveau
De sourire à nouveau
De vivre à nouveau

Loin du mal qu'on m'a fait

Pour finir par tout raconter
Tout exposer au grand jour
Afin de fermer ce livre à tout jamais

Regarde-moi
Regarde comme j'étais morte papa

Regarde-moi
Regarde comme je suis vivante maman

J'ai réussi
J'ai finalement survécu

Car les blessures
Resteront à jamais
Gravées sur mon corps

Mais aujourd'hui
Elles ne sont plus que des cicatrices

Les cicatrices d'une vie...

Je me demande pardon chaque jour
Depuis que tout cela est arrivé

Mais aujourd'hui,
C'est à vous que je demande pardon

Mes poèmes étaient destinés
À moi et seulement à moi

Personne n'aurait jamais dû savoir
Mes pensées les plus sombres

Mais aujourd'hui vous ne pouvez pas savoir
Qui je suis sans connaître mon histoire

Désormais, vous savez

Épilogue

M'exprimer sur tout ce qui m'est arrivé m'a toujours semblé impossible. Avec le temps, j'ai réussi à en parler à quelques personnes très proches, et sans cela, je pense que je n'aurais jamais réussi à sortir la tête de l'eau.

Écrire était mon seul moyen de m'exprimer sur le sujet, sans craindre d'être jugée, sans faire de peine à personne et sans recevoir une aide mal adaptée. Parce que je ne voulais pas de réponses, je voulais juste qu'on m'écoute en silence. Mais personne n'en était capable. Alors, le soir, j'allais au bord de la mer et j'écrivais pendant des heures, en pleurant.

Sans l'écriture, je n'aurais jamais réussi à comprendre, à me comprendre, et à me pardonner pour ne plus refaire les mêmes erreurs. J'ai écrit tous mes poèmes en pensant que jamais personne ne les lirait, car ils étaient trop personnels, trop intimes, trop sombres.

Mais un jour, en regardant mon père, qui ignorait tout de ce que j'avais vécu parce que je l'avais volontairement laissé dans l'ignorance pour qu'il n'en souffre pas, je me suis dit qu'il ne pourrait jamais réellement savoir qui je suis aujourd'hui s'il ne savait pas ce que j'avais traversé. Et il en va de même pour chacun de mes proches.

Désormais, vous savez.
Ce sont les derniers mots de mon livre.

L'année dernière, alors que je faisais à peine mes premiers pas dans le monde adulte, j'ai eu un coup de foudre. Pour la première fois, j'étais dans une relation sincère avec un homme qui me traitait comme jamais personne ne l'avait fait. J'étais heureuse. Mes études me plaisaient, ma nouvelle ville aussi, je m'étais entourée d'amies avec lesquelles j'avais enfin une place et peut-être même avais-je trouvé l'amour. J'aimais cette nouvelle vie de tout mon cœur, jusqu'au jour où celui qui me rendait si heureuse m'a violée.

D'abord, j'ai refusé d'y croire. Accepter la vérité, c'était voir mon bonheur s'effondrer. Mais la réalité m'a rattrapée, et tout s'est écroulé.

Pendant des mois, la dépression m'a engloutie. Je me suis enfermée dans le silence, incapable d'exister autrement que dans ma douleur. J'ai fini par parler à travers un film, *La douceur de tes caresses*. Je croyais qu'extérioriser me libérerait, mais à l'intérieur, le vide était toujours là.

Puis, peu à peu, j'ai recommencé à m'ouvrir au monde. J'ai rencontré un autre garçon. Les premiers jours semblaient beaux, mais très vite, il est devenu mon pire cauchemar, mon poison. Pendant des mois, il m'a brisée, mentalement et sexuellement. Chaque jour, l'angoisse me tenaillait, la peur qu'il apparaisse devant chez moi me rongeait. Je n'ai vu qu'une seule issue : fuir. Quitter cette ville que j'aimais mais qui me maintenait prisonnière.

Je suis partie, et je me suis fait une promesse : plus jamais un homme ne me toucherait sans m'aimer.

J'ai tenu cette promesse jusqu'à ce jour mais c'est sans compter cette soirée d'été alcoolisée. Je me rappelle pourtant chaque instant alors que je n'étais plus moi-même. Je me rappelle cette nuit de viol dans les moindres détails.

Tout ce que j'avais reconstruit s'est effondré une fois encore. Mais cette fois, c'était différent. Cet homme était le pire de tous, il m'a eu par l'usure, maintenant que je ne voulais plus être touchée. Ce qu'il m'a fait subir a dépassé l'horreur, et pourtant, je me suis relevée plus vite. J'étais plus forte. J'avais déjà vécu tout ça. Je refusais de sombrer encore.

J'étais tellement épuisée que j'ai refusé d'en parler. Trop fatiguée de répéter encore et encore les mêmes atrocités infligées à mon corps. Je n'ai rien dit à ma mère pour ne pas lui infliger davantage de souffrance. De toute façon, aucun mot n'aurait pu adoucir ce que j'avais vécu cette nuit-là. Alors j'ai tout refoulé, prétendant aller bien. Mais mon corps, lui, ne mentait pas. Les crises d'angoisses se sont multipliées, incontrôlables.

Puis, ce n'était plus seulement une dépression. C'était une obsession. Une obsession pour le mal, pour ces hommes qui me détruisaient. Comme si j'étais prisonnière d'un schéma que je ne pouvais briser. Et j'ai cru replonger, une fois encore, avec un autre. Peut-être avais-je besoin d'un dernier pour comprendre, enfin, que je ne voulais plus jamais de ça dans ma vie.

Il m'a fallu du temps. Des mois encore pour que les crises s'apaisent, que le traumatisme s'efface un peu, que l'envie de vivre renaisse.

Aujourd'hui, je vais mieux. J'apprends à m'aimer, à connaître ma valeur et à exiger le respect que je mérite. Je refuse de laisser entrer dans ma vie des hommes comme ceux qui m'attirent. Parce que je ne veux surtout pas détruire tout ce que j'ai réussi à reconstruire. Je suis enfin apaisée…

Mais tout n'est pas fini.

Car le prochain sera une véritable ode à la vie, à l'amour, à l'espoir…

Remerciements

Je tiens tout d'abord à remercier ma famille, qui m'entoure d'un amour inconditionnel et qui, sans le savoir, m'a empêchée de sombrer totalement.

J'aimerais également exprimer ma gratitude envers mes amis, et tout particulièrement ma meilleure amie, Milena, qui a toujours été là pour moi, encore plus dans cette épreuve.

Une pensée spéciale pour Loane, ma bouée de sauvetage lorsque j'étais seule, loin de ma famille. C'est elle qui m'a empêchée de me noyer dans la solitude et la douleur. Elle m'a écoutée pendant des heures à lui parler de mon passé et ce que je traversais. Elle aura toujours une place immense dans mon cœur.

Et enfin, un merci du plus profond de mon cœur à ma mère, qui ne m'a jamais lâché la main. Qui m'a écoutée, a pleuré avec moi, et m'a soutenue chaque jour lorsque je l'appelais en larmes. Elle ne savait pas tout, parce que j'ai voulu la préserver du mal qu'on avait infligé à sa fille. Parce que son cœur s'était déjà brisé une première fois…

Et merci à vous, chers lecteurs. Vous me donnez la force de me relever pour accomplir de grandes choses…

Ma vengeance est mon expression.

À suivre…